AF257492

MÉMOIRE

POUR

1° *HENRIETTE*,

2° *MARIE*,

3° *SUZANNE et ses trois Enfants :*

AMÉLIE, — HONORINE, — MARIE CLAIRE ;

Esclaves réclamant leur Liberté ;

CONTRE

LES SIEUR ET DAME

RUFZ-LAVISON,

DE LA MARTINIQUE.

Mai 1845.

MÉMOIRE

POUR

1° **HENRIETTE**,

2° **MARIE**,

3° **SUZANNE** *et ses trois Enfants :*

AMÉLIE,—HONORINE,—MARIE CLAIRE;

ESCLAVES RÉCLAMANT LEUR LIBERTÉ;

CONTRE

les sieur et dame

RUFZ-LAVISON,.

De la Martinique.

FAITS.

Au mois d'octobre 1841, à Sainte-Luce, Martinique, est décédée madame Sophie Genaille, veuve Lacaille-Montaigne, âgée de 75 ans.

Cette dame vivait depuis long-temps chez les sieur et dame Rufz-Lavison, propriétaires d'une habitation, en ce lieu, mais sans être à leur charge, car elle possédait elle-même quelques immeubles et un certain nombre d'esclaves.

Henriette a déclaré devant de M. de Jabrun, substitut du procureur du roi : « Ma maîtresse logeait avec M. et Mme Lavison; » mais elle ne mangeait pas avec eux. *Elle s'entretenait avec* » *les loyers que je lui payais et le travail de ma sœur Marie qui* » *était avec elle. Elle ne tirait aucun secours de M. et Mme La-* » *vison,* parce qu'il lui suffisait de très-peu de chose pour » vivre. » — *Pièce n° 24.*

A côté de cette déclaration, il faut rapporter ici le témoignage suivant qui la confirme et qui honore la race noire : « Je soussigné déclare connaître la négresse *Marie,* autrefois » esclave de Mme Lacaille-Montaigne, depuis l'année 1819, » époque où *je pris la gestion de l'habitation de M. Lavison, à* » *Sainte-Luce,* où Mme Lacaille faisait sa résidence habituelle. » Pendant les trois ans que j'ai conduit cette habitation, » Mme Lacaille y a résidé, et la négresse Marie était sa seule » servante. *Malgré sa jeunesse à cette époque, je n'ai jamais* » *compris qu'elle se soit écartée des devoirs qu'elle devait à sa* » *maîtresse, et, ce qui est plus beau, des sentiers de la vertu.* » *J'ai toujours vu Marie auprès de* Mme *Lacaille.* A sa mort, » *cette dame a légué à Marie, deux bêtes à cornes* qui sont » dans ma savanne. Tout cela prouve, je crois, que Marie se » conduisait bien envers sa maîtresse. — En foi de quoi, je lui » délivre le présent. — *Signé* Cours. » (*Pièce n° 20.*)

Ces déclarations font partie de l'enquête due à la sollicitude du ministère public, agissant d'office pour Marie, Henriette et Suzanne.

On ne s'étonnera pas que Mme veuve Montaigne ait voulu, avant de mourir, accorder pour récompense à ces femmes si dévouées, le bienfait de la liberté.

Vivante, elle avait elle-même envoyé Marie auprès du maire des Anses d'Arlets, pour faire la déclaration d'affranchissement. L'irrégularité de cette démarche avait empêché d'y donner suite. (Deuxième déclaration de Suzanne devant M. de Jabrun. *Pièce n° 13.*)

Décédée, elle a laissé à M. Lavison le soin d'accomplir sa volonté ; et il faut dire que M. Lavison se montra tout d'abord l'exécuteur scrupuleux d'un fidéicommis pieux et sacré.

» ..... Après l'enterrement, il rassembla les esclaves de la
» défunte, *Il leur lut un papier où étaient portés ceux qui de-*
» *vaient être affranchis;* Suzanne (déclarante) n'affirme pas
» que ce fut un testament. Les esclaves portés dans le papier
» étaient la déclarante et ses trois enfants, Henriette et son
» fils Henri, et Marie. »— *Pièce n° 13.*

D'après une seconde déclaration de Suzanne, «*la lecture du*
» *papier a eu lieu en présence de Mme Lavison, et de Mlle Julie*
» *Lavison.* » — *Même pièce n° 13.*

Quelques jours après, *le 20 octobre* 1841, M. Lavison, sa femme étant sur l'habitation, et ne manifestant aucune opposition, descendit lui-même aux Anses d'Arlets, et fit entre les mains du Maire, une déclaration d'affranchissement en règle, au profit de : «1° *Henriette*, négresse, âgée de 41 ans.—2° *Suzanne*
» dite *Suzette*, capresse, âgée de 28 ans, et ses trois enfants :
» *Amélie*, âgée de 7 ans ; *Honorine*, âgée de 5 ans; *Marie-*
» *Claire*, âgée de 3 ans; toutes trois capresses. — 3° *Marie*,
» négresse, âgée de 43 ans. — Toutes nées à Sainte-Luce,
» cultivant la terre. » *Pièce n° 2.*

Mais bientôt les sieur et dame Rufz-Lavison, eurent la pensée que les esclaves ainsi déclarés pour l'affranchissement, pouvaient bien leur appartenir. L'homme est ainsi fait ; son premier mouvement vaut souvent mieux que le second.

Le 17 décembre 1831, M. Lavison adressait au Maire de Sainte-Luce, la lettre suivante, *enregistrée et paraphée par le greffier de la Cour royale :* «Monsieur le Maire, cette missive
» est pour avoir l'honneur de vous rappeler que le 20 octobre
» dernier, je me rendis à votre Mairie, où je trouvai le secré-

» taire, auquel je fis la déclaration pour l'obtention de l'affran-
» chissement *des six sujets* provenant du décès de Mme Mon-
» taigne-Lacaille, née Sophie Genaille. J'ai l'honneur de
» vous prévenir que je n'avais nullement le droit de le faire,
» cette dame étant décédée chez moi, après une résidence de
» 25 années, et étant morte, sans avoir fait aucune disposi-
» tion testamentaire, *ne m'ayant laissé que quelques recom-*
» *mandations verbales,* malgré qu'elle me devait en mourant,
» une pension alimentaire de 20,000 francs constatée par tous
» mes voisins. *Je n'ai suivi, dans cette circonstance, que l'im-*
» *pulsion prématurée de mon cœur.* — J'ai eu tort, je le con-
» fesse ; je viens vous prier *avec une intime confiance,* d'avoir
» la *complaisance de faire tout le nécessaire auprès de M. le*
» *procureur du Roi, pour annuler ces affranchissements* qui
» m'occasionneraient, beaucoup de peine et d'embarras, *si*
» *quelques créanciers se présentaient.* J'attends cette obligeance
» de votre part ; vous me rendrez un grand service ; je n'en
» perdrai jamais le souvenir. — En attendant, je vous prie
» d'agréer, etc. » *Signé*, Rufz-Lavison. — *Pièce n° 3.*

M. Lavison parlait de créanciers. Mais d'une part, Henriette a déclaré : « *Je n'ai jamais entendu dire que ma maî-*
» *tresse avait des dettes :* » pièce n° 24. Et Suzanne : « La dame
» Genaille n'*avait pas de dettes,* à ma connaissance. Elle dé-
» pensait fort peu, et avait trois petites habitations. » *Pièce*
n° 13. D'autre part, en fait, il ne s'est présenté aucun créancier;.. si ce n'est, comme on vient de le voir, M. Lavison
lui-même, *pour pension alimentaire de 20,000 francs con-*
statée, dit-il, *par tous ses voisins.*

Six mois s'écoulèrent, c'est une circonstance remarquable,
avant que la tentative de M. Lavisson se traduisit en opposition régulière à l'affranchissement des anciens esclaves de
Mme veuve Genaille-Montaigne.

Enfin, le 7 mai 1842, cette opposition fut formée par *Mme Lavison, autorisée de son mari, agissant comme héritière sous bénéfice d'inventaire de la feue dame Sophie Genaille, veuve Montaigne-Lacaille.* — En cette qualité, Mme Lavison, prétendait que son mari n'avait pu disposer des esclaves, à son préjudice.

Dans un mémoire adressé au procureur du Roi, et enregistré, le sieur Lavison entreprit lui-même d'expliquer la position. — Après avoir rappelé qu'il a dressé *un compte de pension alimentaire de 25 années, avec l'attestation des voisins, en vue des éventualités qui pourraient survenir*, c'est à dire sans doute, pour le cas où la succession échapperait; « Madame Lavison, dit-il, *a cru pouvoir se porter héritière bé-*
» *néficiaire de cette pauvre succession* qui peut être évaluée à
» 8000 francs, d'après l'inventaire, *y compris les sujets...*
» Certes M. le procureur du Roi, *il semble qu'en reconnais-*
» *sance seulement, cette modique succession devrait être re-*
» *cueillie par Mme Rufz de Lavison*, qui a été utile à cette in-
» fortunée PARENTE ; mais d'après les obstacles qui se présentent,
» *ma dame doit faire valoir la pension alimentaire*, laquelle ne
» peut couvrir que le tiers de la somme réclamée... *Il est vrai*
» *que moi, inconsidérément, je me suis transporté au bureau*
» *de l'état civil pour faire la déclaration de l'affranchissement*
» *de ces individus. Qu'ai-je fait ? une sottise. Je n'en avais pas*
» *le droit, étant en séparation de biens... Ma foi, en voilà*
» *bien assez, je crois, pour prouver à votre autorité la véracité*
» *des faits... »*

Ce mémoire contenait aussi la déclaration suivante qu'il faut noter avec soin : « Marie seule *mérite d'être libre*, par
» les soins assidus qu'elle a portés pendant 25 ans à sa maî-
» tresse, et dont nous avons été les témoins. *Nous la recomman-*
» *dons à votre bienveillance;* quant aux autres, rien. » —
Pièce n° 18.

La parenté alléguée et dont aucune preuve n'était d'ailleurs fournie, existait-elle? Consulté à cet égard, par M. le procureur du roi, M. le Maire des Anses d'Arlets a répondu : « *Je ne crois pas qu'il y ait parenté entre la décédée et les époux* » *Lavison*, vû qu'ils sont étrangers l'un et l'autre à cette sec- » tion de la commune du sud. Le sieur Lavison est Euro- » péen, et sa dame habitait la commune de Sainte-Marie. Le » sieur Lavison m'a dit qu'il était créancier de la dame Ge- » naille d'une somme de 15 à 20,000 francs; *Mais il ne* » *m'a pas dit qu'il fut parent de cette dame.*» — *Pièce n° 14.*

Quoiqu'il en soit, un jugement du Tribunal de première instance de Fort-Royal, a statué, le 18 juin 1842, dans les termes suivants :

« Attendu que les esclaves Henriette, Suzanne dite Suzette, » Amélie, Honorine, Marie-Claire, et Marie, dont l'affran- » chissement a été demandé par le sieur Rufz-Lavison, dépen- » dent de la succession de la dame Rose-Claire Genaille dé- » cédée veuve du sieur Jean-Louis Montaigne, dévolue à la » dame Rufz-Lavison, séparée de biens d'avec son mari, et » qui n'a accepté ladite succession, que sous bénéfice d'inven- » taire. — Attendu que le sieur Rufz-Lavison n'avait aucune » qualité pour former cette demande d'affranchissement; et » que l'opposition de la dame Rufz-Lavison est fondée. — Par » ces motifs, le Tribunal déclare nulle la déclaration d'affran- » chissement et les publications qu'en ont été faites par les » soins du ministère public; dit que les esclaves resteront en » la possession de la dame Rufz-Lavison à qui ils appartien- » nent depuis le décès de la dame Montaigne dont elle est hé- » ritière bénéficiaire; — Condamne le sieur *Rufz-Lavison* aux dépens. »

Le ministère public fit appel.

Il demandait devant la Cour royale : main-levée de l'opposition de la dame Lavison à l'affranchissement; acte de ses réserves de faire appréhender la succession de Mme Genaille-Montaigne comme vacante, par le curateur en titre d'office, la dame Lavison n'établissant pas ses droits à la dite succession ;—Subsidiairement, une enquête tendant à prouver que le sieur Lavison avait été chargé par Mme Genaille-Montaigne de faire affranchir ses esclaves. — Très-subsidiairement, la liberté de Marie, *attendu que les époux Lavison reconnaissaient ses droits.*

De son côté, la dame Lavison, conclut en ces termes : « Adoptant les motifs du premier juge, confirmer—subsidiai-
» rement, attendu qu'il résulte des titres, registres et papiers
» domestiques de la famille Lavison, que la dame Genaille
» *était considérée comme cousine* de la dame Lavison, qu'elles
» se sont toujours ainsi traitées ; que ce commencement de
» preuve peut être complété par la preuve testimoniale, vû
» les articles 46–321–323–324 du Code civil — avant dire
» droit, admettre la dame Lavison, à prouver, tant par titres
» que, par témoins qu'elle était parente de la dame Genaille,
» veuve Montaigne, au degré successible. » *Pièce n° 39.*

Quant au sieur Lavison, il déclarait adhérer purement aux conclusions de sa femme.

17 novembre **1842**,— arrêt de la Cour royale de la Martinique, ainsi conçu : ARRÊT.

« Sur l'enquête demandée — attendu que la preuve offerte
» par le ministère public du mandat verbal que le sieur La-
» vison prétend avoir eu de la part de la dame Montaigne,
» ne saurait être admise, vû qu'il n'existe aucun commence-
» ment de preuve par écrit, et qu'il ne peut y être suppléé par
» une lettre émanée de la partie qui a demandé l'affranchis-
» sement.

« Au fond — attendu qu'il apparaît suffisamment, en l'état,
» de la qualité de la dame Lavison, à l'effet de former l'oppo-

» sition à l'affranchissement,— adoptant au surplus les motifs
» du premier juge.

« Par ces motifs, la Cour rejette la preuve offerte, par en-
» quête sommaire, par le ministère public — ordonne que ce
» dont est appel sortira son plein et entier effet—donne acte
» au ministère public de ses réserves de faire appréhender la
» succession de la dame Genaille-Montaigne par le curateur
» en titre d'office. »

Peu de mots suffiront maintenant pour justifier le pourvoi.

OUVERTURES A CASSATION.

I.

Sur le fond même du procès, il est facile de reconnaître que l'arrêt n'est pas juridique.

C'est le 20 octobre 1841, que la déclaration d'affranchissement a été faite par le sieur Rufz-Lavison. Opposante, six mois après, la dame Lavison se trouvait légalement obligée de prouver son droit contraire à celui des esclaves, en faveur desquels les formalités préliminaires de la liberté étaient déjà remplies.

A quel titre faisait-elle opposition? Comme héritière de Mme Montaigne? Il ne suffisait pas de prendre cette qualité contre des tiers intéressés à la méconnaître; il fallait la justifier.

L'adition d'hérédité ne peut avoir lieu qu'aux conditions de la loi, dont la première est d'être *parent, au degré successible*, de la personne à qui on prétend succéder. (Art. 731 et

755 du Code civil); ce qu'on doit établir par les actes de l'état civil, ou par la possession d'état — art. 45-319-320.)

La dame Lavison a-t-elle justifié ainsi de sa parenté avec Mme Montaigne? Non ; elle a seulement allégué d'abord en termes vagues que Mme Montaigne était sa *parente;* et ensuite qu'*elle était considérée comme sa cousine*, sans jamais spécifier le degré. Tels sont les termes des ses conclusions par lesquelles, devant la Cour royale, elle demandait à faire preuve, même *par témoins,* de sa prétendue parenté.

L'arrêt n'a pas admis la dame Lavison à cette preuve; c'eut été violer la loi. Mais il a fait plus; il l'a dispensée de toutes justifications. De ses motifs combinés avec ceux du jugement, il résulte que les juges ont accepté comme un fait indiscutable la *dévolution de l'hérédité à la dame Lavison*, et qu'*en l'état, il leur est suffisamment apparu de sa qualité.* On n'y trouve rien de plus.

La loi ne s'accommode pas, aussi bien que la cause des défendeurs au pourvoi, de ce laconisme et de cette science certaine du juge. En présence d'une dénégation formelle du titre et de la qualité d'héritière que s'attribuait la dame Lavison, en présence des réserves de faire appréhender la succession comme vacante par le curateur en titre d'office, réserves dont l'arrêt lui-même a donné acte au ministère public, il fallait nécessairement que les preuves voulues par la loi fussent fournies ; que les actes établissant le lien généalogique fussent mis sous les yeux des juges; et que les juges y trouvassent, avec le fondement du droit prétendu par la dame Lavison, la base légale de son opposition à l'affranchissement.

Déclarer seulement qu'*il est apparu de sa qualité, en l'état,* c'est admettre les présomptions, là où non-seulement la preuve littérale est exigée, mais où la la loi n'admet comme probants que certains actes déterminés. C'est fausser les principes du droit en matière de preuve, autant qu'en matière de succession.

L'arrêt a donc violé manifestement les articles 45-319-320 -731-755-1341-1347, et faussement appliqué l'article 1353 du Code civil.

On ajoute qu'il n'est pas moins contraire à l'article 2279 du même Code combiné avec l'article 44 du Code noir, édit de mars 1685.

En effet, alors même que la dame Lavison serait légitimement l'héritière de Mme Montaigne, et que par conséquent les esclaves seraient devenus siens, il ne s'en suivrait pas qu'ils dussent être privés de la liberté que leur a procurée son mari, en remplissant les formalités légales. Le sieur Lavison aurait disposé d'esclaves appartenant à sa femme ; voilà tout. Or, ces esclaves étant des *meubles* d'après le droit colonial, notamment d'après l'article 44 précité du Code noir, il en devrait être de leur aliénation, comme de celle que le mari fait des meubles de la femme, sous quelque régime que ce soit, même celui de séparation de biens. Les tiers, acquéreurs de bonne foi, sont couverts par la maxime en *fait de meubles possession vaut titre*, et ne peuvent être dépossédés. Article 2279 (1). Il y a seulement pour la femme une répétition à exercer contre son mari. Dans l'affranchissement d'un esclave, l'aliénation est à son profit; le tiers c'est lui-même. Il ne peut être revendiqué comme esclave par la femme qui se plaindrait d'un affranchissement fait sans concours. Il n'est ni dans le cas de l'objet *perdu*, ni dans le cas de l'objet *volé* dont l'art 2279 autorise la revendication. D'une part, en effet, il n'y a pas de vol entre époux (art. 380 du Code pénal); et d'autre part, on ne peut voler un esclave, *un homme*, comme nous l'avons soutenu devant la Chambre criminelle, avec succès (2).

---

(1) Voir Toullier,—t. 15, n° 112.—Duranton,—t. 15, n° 285.
(2) Affaire Sainte-Rose, — Complicité d'évasion d'esclaves.

C'est ainsi que dans l'affaire Catherine Léonard, la Cour a considéré comme irrévocablement affranchie par le mari, une esclave même réservée propre à la femme dans son contrat de mariage. — Arrêt du 11 mars 1845.

II.

Les conclusions subsidiaires du Ministère public présentaient à juger la question de l'admissibilité d'une enquête pour établir que le sieur Rufz-Lavison avait agi par suite d'un mandat de Mme Montaigne, et que par conséquent il y avait le fait de celle-ci obligeant en tout cas sa prétendue héritière.

Ce mandat, ce fidéicommis, tout le prouvait dans la cause; et les témoignages de Suzanne, d'Henriette, de Marie; et le fait de la déclaration d'affranchissement à laquelle les époux Lavison avaient si étrangement appliqué la faculté de *regrès* de l'ancien droit (1); et l'aveu du sieur Lavison lui-même, contenu notamment dans sa lettre du 17 novembre 1841, au maire de Sainte-Luce, enregistrée, où il convient *que quelques recommandations verbales lui ont été laissées, et qu'il a suivi l'impulsion prématurée de son cœur.*

Selon l'arrêt, la preuve de ce mandat verbal n'a pu être admise, *vû qu'il n'existait aucun commencement de preuve par écrit, la lettre du sieur Lavison émanant de lui, non de sa femme.* C'est ce qu'on a voulu dire, en termes moins clairs.

On concevrait cette argumentation, si la dame Lavison n'était pas solidaire des faits de son mari, si la lettre n'avait pas été dictée par elle, écrite pour le besoin de sa cause, *comme premier acte d'opposition à l'affranchissement.* C'est la femme qui s'est portée opposante; elle n'a rien livré de son

---

(1) *Regressus.... Et regressus ad servitutem !*

écriture, mais le mari a écrit et agi pour elle. Après avoir lui-même provoqué l'affranchissement, il s'y est opposé aussi. L'arrêt *lui donne acte de son adhésion aux conclusions de sa femme.* On plaidait avec lui et contre lui, contre tous deux conjointement. Comment donc sa lettre n'aurait-elle pas été un commencement de preuve par écrit, dans la cause ?

Il y a manifestement en ce point, violation et fausse application de l'art. 1347 du Code civil, et aussi violation de l'art. 1356 sur l'aveu.

III.

Enfin, à l'égard d'une au moins des esclaves, l'opposition ne pouvait être admise. Marie, par son dévoûment et sa pureté, avait étouffé dans le sein des époux Lavison la cupidité qui les faisait agir. Ils avaient consigné ces lignes dans leur mémoire au procureur du Roi, enregistré : « Marie *mérite* » *seule d'être libre*, par les soins assidus qu'elle a portés pen- » dant 25 ans à sa maîtresse, et dont nous avons été les té- » moins ; *nous la recommandons à votre bienveillance.* » — C'était là un désistement formel de l'opposition, en tant que cet acte pouvait atteindre Marie.

Aussi, le ministère public conclut-il : — « Très-subsidiai- » rement, attendu qu'aucune difficulté ne s'élève à l'égard de » Marie, *à laquelle les époux Lavison reconnaissent des droits* » *à la liberté*, mettre le jugement dont est appel au néant sur » ce chef ; émendant, *maintenir la déclaration d'affranchisse-* » *ment faite en faveur de Marie*, le 23 octobre 1841, en la » commune du Sud. »

Cependant l'arrêt, sans contenir un mot qui motive le rejet de ce chef de conclusions, confirme purement le dispositif du jugement par lequel Marie est déclarée appartenir à la dame

Lavison, aussi bien que Henriette, et Suzanne, et les enfants de celle-ci.

Il y a donc violation flagrante de l'art. 1356 sur l'aveu judiciaire; et en même temps, de l'art. 4 de l'ordonnance du 24 septembre 1828, qui oblige les tribunaux et cours des Colonies, à motiver leurs jugements ou arrêts.

Ce dernier point achève de montrer que l'arrêt ne porte pas, tant s'en faut, l'empreinte de cette sollicitude et de ce respect religieux pour les principes du droit, qu'exigeait une cause de liberté.

Le salut d'une pareille cause est dans la loi, dans la vigilance éclairée des magistrats de la Cour suprême. *In legibus salus!* Il faut que cette devise sociale soit une vérité pour tous, noirs ou blancs, au moment où des lois nouvelles préparent la régénération des colonies.

Ad. **GATINE**,

Avocat à la Cour de Cassation

et aux Conseils du Roi.

Imp. de Ph. CORDIER, rue du Ponceau, 24.

www.ingramcontent.com/pod-product-compliance
Lightning Source LLC
Chambersburg PA
CBHW051431060726
47596CB00006B/2452